Inhalt

Mittelstand und IFRS/IAS - Mittelständler stehen neuen Bilanzierungsvorschriften kritisch gegenüber (Januar 2006)

Kernthesen

Beitrag

Fallbeispiele

Weiterführende Literatur

Impressum

GENIOS WirtschaftsWissen Nr. 02/2006 vom
06.02.2006

Mittelstand und IFRS/IAS - Mittelständler stehen neuen Bilanzierungsvorschrifte kritisch gegenüber (Januar 2006)

A.Kaindl

Kernthesen

- Das IASB entwickelt derzeit gesonderte internationale Rechnungslegungsvorschriften für mittelständische Unternehmen.

- Der Druck auf mittelständische deutsche Unternehmen ihren Jahresabschluss nach IFRS/IAS aufzustellen wächst.
- Um bei der Ausformulierung internationaler Bilanzierungsregeln die eigenen Belange besser vertreten zu können, haben zwölf führende deutsche Familienkonzerne einen Verein gegründet.

Beitrag

Der deutsche Mittelstand und auch die international tätigen Familienkonzerne sind über die gegenwärtige Entwicklung der internationalen Rechnungslegung unzufrieden. Sie sehen ihre eigenen Bedürfnisse in den Vorschlägen und Standards unzureichend berücksichtigt. (2)

Gründe für gesonderte Rechnungslegungsvorschriften für den Mittelstand

Derzeit erarbeitet ein Expertengremium des privaten International Accounting Standards Board (IASB) gesonderte Bilanzierungsstandards für kleine und mittlere Unternehmen (Small and Medium-Sized). Kapitalmarktorientierte Unternehmen müssen die vom IASB verabschiedeten internationalen Rechnungslegungsvorschriften, die IFRS/IAS, bereits seit dem 1. Januar 2005 für den Konzernabschluss anwenden. Nun will das IASB Bilanzierungsregeln für den Mittelstand folgen lassen. Welche Unternehmen zum Mittelstand zählen, ist bis heute offen. Da eine Definition schwer ist, hat sich das IASB für die Bezeichnung nicht zur öffentlichen Rechenschaft verpflichtete Unternehmen (not publicly accountable enterprises) entschieden. (1), (2)

Ausgangspunkt einer internationalen Rechnungslegung für den Mittelstand sollen nach Ansicht des IASB dieselben Regeln sein, die heute bereits für kapitalmarktorientierte Unternehmen gelten. Allerdings muss das IASB berücksichtigen, dass es gewichtige Unterschiede zwischen kapitalmarktorientierten Unternehmen und typischen mittelständischen Unternehmen gibt. Viele IFRS/IAS-Vorschriften sind für mittlere Unternehmen nicht praktikabel. Die bisherigen Regeln für kapitalmarktorientierte Unternehmen müssen für den Mittelstand deutlich vereinfacht werden, wenn das Projekt IFRS/IAS für den Mittelstand ein Erfolg werden soll. (1)

Die bisher verabschiedeten IFRS/IAS verfolgen das

Ziel, eine möglichst hohe Transparenz für Aktionäre und Investoren zu ermöglichen. Dagegen sind die Interessenten am Jahresabschluss eines mittelständischen Unternehmens an einer nachhaltigen Wertsicherung interessiert. Schwankungen, die nicht auf der unternehmerischen Leistung, sondern allein auf der bilanziellen Bewertung beruhen, werden überwiegend abgelehnt. Für den Mittelständler steht das Vorsichtsprinzip im Vordergrund, welches Eigentümer und Gläubiger schützt. (1), (6)

Mittelstand gründet zur Durchsetzung seiner Interessen einen Verein

Zwölf führende deutsche Familienkonzerne haben sich zur Gründung eines Vereins entschlossen, der den Namen "Vereinigung zur Mitwirkung an der Entwicklung des Bilanzrechts für Familiengesellschaften" trägt. Die Familienunternehmen fühlen sich bisher vom IASB und seinen herausgegebenen Standards nicht sachgerecht behandelt. Gemeinsam wollen die Unternehmen mehr Einfluss auf die internationalen Bilanzierungsrichtlinien nehmen. Die Vereinigung will ein Sprachrohr für den deutschsprachigen Mittelstand in Bilanzierungsfragen werden. Der Verein steht allen interessierten Mittelstandsunternehmen und Personen offen. Nicht alle an der Gründung beteiligten Unternehmen bilanzieren bisher nach IFRS/IAS oder sind kapitalmarktorientiert.

Wesentliche Kritikpunkte des Mittelstandes an den bisher gültigen IFRS/IAS

Eine Umstellung der Rechnungslegung von HGB auf IFRS/IAS sehen viele Mittelständler aus folgenden wesentlichen Gründen kritisch:

Die Mittelständler fürchten die damit verbunden hohen Kosten. (7)

Die Umstellung führt zum Ausweis von fiktiven Gewinnen, dass könnte neue Begehrlichkeiten bei Gesellschaftern, Kunden und Belegschaft wecken. Die Konsequenz wären Substanzverluste der Unternehmen. (7)

Die Umstellung kann einen bilanziellen Verlust des

Eigenkapitals zur Folge haben. IAS 32 regelt die Abgrenzung von Eigen- und Fremdkapital. Danach liegt Eigenkapital nur dann vor, wenn der einzelne Kapitalgeber keinen individuellen Anspruch auf Rückzahlung der von ihm investierten Mittel hat. Das bedeutet, die Geschäftsanteile der Gesellschafter von OHG und KG, im bisherigen Verständnis klassisches Eigenkapital, werden zu Fremdkapital. In Abhängigkeit davon, wie die eventuelle Rückzahlung im Gesellschaftsvertrag geregelt ist, kann sich eine vorher stattliche Eigenkapitalquote mit der Umstellung auf IFRS/IAS stark reduzieren. (8)
Die IFRS/IAS folgen der Fair-Value-Bewertung. Diese erfordert die regelmäßige Neubewertung vieler Vermögensgegenstände. Die Bilanz soll zum Spiegel des aktuellen Unternehmenswertes werden. Der Mittelstand kritisiert nicht die Fair-Value-Bewertung an sich, aber den damit einhergehenden dauerhaft unverhältnismäßig hohen Aufwand, ohne dass es für Eigentümer, Lieferanten oder Gläubiger des Unternehmens zu einem Mehr an Transparenz kommt. (1), (6)

Der IFRS/IAS-Abschluss ist für Steuerzwecke ungeeignet. Das bedeutet, die Unternehmen müssen parallel noch einen Abschluss nach HGB aufstellen. (7)

Notwendigkeit eigener IFRS/IAS für den Mittelstand

Viele mittelständische Unternehmen haben klar vor Augen, dass die Finanzmärkte (Private-Equity-Geber), Banken, Kunden, Lieferanten sowie ausländische Geschäftspartner in naher Zukunft einen international vergleichbaren Jahresabschluss fordern werden. Ein international vergleichbarer Jahresabschluss hat den Vorteil, dass er die Kommunikation mit dem Markt erleichtern kann. Außerdem haben die Banken Rating-Verfahren eingeführt, die sich zunehmend an IFRS/IAS-Zahlen orientieren. Die Entwicklung geht dahin, dass Geldinstitute auf der Grundlage dieser Zahlen entscheiden. Das bedeutet für Unternehmen, die nur nach HGB bilanzieren, dass sie mit Nachteilen bei der Refinanzierung zu rechnen haben, d.h. ihnen drohen höhere Kosten bei der Kreditvergabe. (1), (5)

Fallbeispiele

Nach einer Umfrage des Bundesverbandes der Deutschen Industrie (BDI) im September 2005 wünschen sich über 70 Prozent der mittelständischen Unternehmen eigenständige internationale Rechnungslegungsvorschriften. Über 60 Prozent würden die Umstellung von nationaler auf internationale Rechnungslegung erwägen, wenn das IASB sein Projekt IFRS/IAS für den Mittelstand zu einem erfolgreichen Abschluss führt. (1)

Der Bochumer Bilanzprofessor Bernhard Pellens, Vorstandsmitglied im deutschen IASB-Ableger DRSC, vertritt die Auffassung, dass sich ein mittelständischer Jahresabschluss nach IFRS/IAS nur in den Offenlegungspflichten vom Original unterscheiden sollte. Aus seiner Sicht verspricht die Rechnungslegung nach vollen IFRS/IAS auch den Mittelstandsunternehmen selbst bessere Informationen intern wie auch im externen Vergleich. (7)

Der Pharma-Hersteller Boehringer Ingelheim hat nach eineinhalb Jahren Vorbereitung sein Projekt Umstellung von HGB auf IFRS/IAS angehalten und bleibt lieber beim bisherigen HGB. Controllingchef Fritz Görgen begründete die Entscheidung damit, dass das mit der Umstellung verbundene wichtigste Ziel mit der derzeit gültigen Version der IFRS/IAS nicht zu erreichen ist. Ziel war es den Gesellschaftern einen Jahresabschluss vorzulegen, der mit denen der meisten Wettbewerber - fast durchweg

Aktiengesellschaften - vergleichbar ist. Grund für die nicht zu erreichende Vergleichbarkeit ist der IAS 32, der die Abgrenzung von Eigen- und Fremdkapital regelt. Nach IFRS/IAS hätte gut die Hälfte des bisherigen Eigenkapitals als Verbindlichkeit gegenüber den Gesellschaftern ausgewiesen werden müssen. Zusätzlich gelten Gewinnausschüttungen an die Gesellschafter als Aufwand, dass hätte zur Folge gehabt, dass der Jahresüberschuss um gut 70 Prozent sinkt. (8)

Verlautbarungen des BDI und der Wirtschaftsprüfungsgesellschaft Ernst & Young zufolge, geben erste Entscheidungen des IASB zur Mittelstandsbilanzierung Anlass zur Sorge. Die bislang für den Mittelstand vorgesehenen Erleichterungen nach den neuen Standards beziehen sich allein auf die Verpflichtung, bestimmte Informationen, wie z. B. einen Anlagespiegel oder Angaben über Sicherheiten auf Sachanlagen, nicht ausweisen zu müssen. Darüber hinaus bedürfe es aber Korrekturen bei bilanziellen Ansätzen und bei der Bewertung. Unter anderem wurden folgende Standards genannt, bei denen Korrekturen für den Mittelstand notwendig seien: Wiedereinführung der planmäßigen Abschreibung des Goodwill bei Unternehmenszusammenschlüssen (IFRS 3), Erleichterungen beim Wertminderungstest (IAS 36), erleichterte Aktivierungsvoraussetzungen beim immateriellen Firmenwert (IAS 38) und die Abschaffung der Verpflichtung zur jährlichen Neubewertung der Restwerte (IAS 27). (9)

Weiterführende Literatur

(1) Internationale Rechnungslegung für den Mittelstand
aus Frankfurter Allgemeine Zeitung, 23.01.2006, Nr. 19, S. 20

(2) Bald keine Bilanzen mehr nach dem HGB
aus Frankfurter Allgemeine Zeitung, 23.01.2006, Nr. 19, S. 11

(3) Die deutsche Rechnungslegung stirbt
aus Frankfurter Allgemeine Zeitung, 23.01.2006, Nr. 19, S. 20

(4) Mittelstand gegen IFRS
aus Frankfurter Allgemeine Zeitung, 20.01.2006, Nr. 17, S. 11

(5) Zeit der Wirtschaftsprüfer Neue Bilanzierungsvorschriften machen sich für die großen Wirtschaftsprüfer bezahlt: Sie sorgen für mehr Arbeit, Einstellungen und ein wachsendes Interesse am Mittelstand.
aus Financial Times Deutschland vom 10.01.2006, Seite 29

(6) "Vorsicht kontra Aktualität"
aus Handelsblatt Nr. 001 vom 02.01.06 Seite 18

(7) Mittelständler fürchten Substanzverlust
aus Handelsblatt Nr. 001 vom 02.01.06 Seite 18

(8) Mittelstand lehnt Bilanzregeln ab
aus Handelsblatt Nr. 252 vom 29.12.05 Seite 11

(9) "Mittelstand braucht eigene Bilanzstandards" BDI
und Ernst & Young dringen auf taugliche Regeln
aus Börsen-Zeitung, 25.01.2006, Nummer 17, Seite 6

Impressum

Mittelstand und IFRS/IAS - Mittelständler stehen neuen Bilanzierungsvorschriften kritisch gegenüber (Januar 2006)

Bibliografische Information der deutschen Nationalbibliothek

Die Deutsche Nationalbibliothek verzeichnet diese Publikation in der deutschen Nationalbibliografie; detaillierte bibliografische Daten sind im Internet über http://dnb.d-nb.de abrufbar.

ISBN: 978-3-7379-1336-2

© 2015 GBI-Genios Deutsche Wirtschaftsdatenbank GmbH, Freischützstraße 96, 81927 München, www.genios.de

Alle Rechte vorbehalten. Dieses Werk ist einschließlich aller seiner Teile – z.B. Texte, Tabellen und Grafiken - urheberrechtlich geschützt. Jede Verwertung außerhalb der Grenzen des Urheberrechtsgesetzes bedarf der vorherigen Zustimmung des Verlags. Dies gilt insbesondere auch für auszugsweise Nachdrucke, fotomechanische Vervielfältigungen (Fotokopie/Mikroskopie), Übersetzungen, Auswertungen durch Datenbanken oder ähnliche Einrichtungen und die Einspeicherung und Verarbeitung in elektronischen Systemen.